Andrea Schwarz

Bunter Faden Leben

Andrea Schwarz

Bunter Faden Leben

Mutmachtexte

HERDER

FREIBURG · BASEL · WIEN

Herausgegeben von Ulrich Sander

Inhalt

Statt Vorwort

In der Weite
des Meeres
siehst du vielleicht
die zurückgelegte Meile nicht

aber sie ist gesegelt

Bunter Faden Leben

Masche für Masche
strick ich mir
mein Leben zurecht

Dunkles wechselt
mit Hellem
dünner
brüchiger Faden
mit dicker
fester Wolle

seltsame, einzigartige
Muster entstehen
manchmal auch hübsche

so ist
mein Leben

1

Ich mag Gänseblümchen

Leben

Unruhig
machen die hellen
Nächte des Sommers

ich spüre es
wachsen

und weiß nicht
wohin

Gänseblümchen

Gefangen in den Großigkeiten
meines Tages
hetzte ich
durch die Stadt

das Rot der Ampel
brachte mich ungeduldig zum Stehen
die Augen jagten weiter

blieben auf dem
zerzausten weiß-gelben Punkt
im schäbigen Großstadtrasen hängen

Gänseblümchen – Kleinigkeit
und plötzlich
roch ich den Frühling in der Luft

Entschuldigen Sie
wenn ich Sie einfach
so direkt frage
Mögen Sie Gänseblümchen?

Eine etwas ungewöhnliche Frage
ich weiß

Wenn Sie jetzt verächtlich
die Schultern zucken
oder verständnislos-fragend schauen
oder gar zugeben
Sie müssten erst darüber nachdenken

dann mögen Sie
Gänseblümchen nicht

Gänseblümchenmenschen
brauchen nämlich
über eine solche Frage
nicht nachzudenken
und sie schauen auch nicht
verständnislos drein

Im Gegenteil
sie schmunzeln
freuen sich über die Frage
wie ein Schneekönig
und wissen
sie haben in dem Frager
einen neuen Freund gefunden

Gänseblümchen sind unaufdringlich und zärtlich. Sie passen in keine aufwendige Cellophan-Verpackung des Blumengeschäftes, sondern viel besser in eine kleine, dreckige Kinderhand. Gänseblümchen in meinem Alltag – eine Ansichtskarte inmitten der Dienstpost, ein Freund, das Anlächeln eines Menschen auf der Straße, der junge Spatz, der vor mir herhüpft, der Autofahrer, der anhält, damit ich endlich abbiegen kann, die ehrlich gemeinte Frage, „Wie geht es?", das verständnisvolle Zuhören, die glitzernden Tautropfen auf der Wiese, der kleine Junge, der Seifenblasen in die große Welt pustet …

bewegt um zu bewegen

nicht mehr zuschauer sein
zupacken hand anlegen
den stein ins rollen bringen
bewegen wollen
machen tun

aber wenn ich bewegen will
muss ich bewegt sein
mich in das geheimnis geben
mutig sein und
mich verwandeln lassen

und den harten steinen trotzen
und dem langen atem trauen
und noch träumen können
und sehnsüchtig sein
und lieben lieben lieben

verletzbar und
verwundbar bleiben
leicht und fragil
und doch entschieden
frei

bewegt um zu bewegen
den stein aufweichen
und sei es mit tränen
zart bleiben
und sei es mit zorn

aber
die Dinge von innen bewegen

Glaubt bloss nicht

ihr kriegt mich klein

heute bestimmt nicht

morgen
naja vielleicht

und an einem besonders dummen tag
sicher

aber
den verrat ich euch nicht

Das Leben umarmen

Der kleine Drache kratzte sich am Kopf, traute sich aber schließlich doch, ihre Frage zu stellen: „Wie macht man das denn nun – leben?“ Moya sah sie liebevoll an: „Du tust es schon längst ...“ – „Wie bitte?“, der kleine Drache glaubte, nicht recht gehört zu haben.

„Ja“, wiederholte Moya, „ich mein schon, was ich gesagt habe ... du tust es bereits ...“ – „Wieso???“ – „Du hast dich getraut, der Sehnsucht und den Träumen einen Platz in deinem Herzen zu geben, du hast deine Einsamkeit gespürt, du hast dir eingestanden, dass du Angst hast, du hast anderen vertraut und konntest staunen, du hast die scheinbare Sicherheit aufgegeben, du hast dich verwunden lassen und hast geweint. Du hast tiefer gehen und höher fliegen wollen, das ist doch Leben – auch wenn du dabei deinem Ziel vielleicht noch nicht näher gekommen bist. Aber möglicherweise ist das Unterwegs-Sein wichtiger als das Angekommen-Sein …“

Der kleine Drache war verblüfft … ihre Suche nach dem Traum nahm durch Moya eine Wendung, die überraschend für sie war …

… Der kleine Drache erwachte, als die Sonne sich schon gen Abend neigte – und, mit einem Schlag hellwach, spitzte sie die Ohren. Da war doch was … ja, eine Melodie lag in der Luft … eine schöne, sanfte Melodie, ein wenig melancholisch und doch voll Lebensfreude …

Was hatte Moya gesagt? „Wenn du die Melodie hörst, dann tanz … ob du traurig oder glücklich bist, tanz … gib dich der Melodie … warte nicht auf andere, die mit dir tanzen, vielleicht ist die Melodie vorbei, bis du sie gefunden hast … tanz, auch wenn du ganz allein bist, wenn niemand mit dir tanzt … kümmere dich nicht darum, was die anderen sagen oder denken mögen … kann sein, dass sie dich nicht verstehen, dich auslachen – weil sie die Melodie nicht hören … du aber tanz, sei, werde Melodie …“

Und der kleine Drache tanzte ... sie wiegte sich zärtlich hin und her, streichelte die Luft, sie tanzte.

Diese Melodie im Herzen setzte sie zierlich die Pfoten auf den Boden, ganz behutsam, als wolle sie die Melodie nicht verjagen – aber je mehr sie selbst Melodie wurde, umso lebendiger wurden ihre Bewegungen, umso wilder ihr Stampfen – um wieder zu einem sanften Wiegen zu werden.

Schön, dachte der kleine Drache, einfach schön. Und momentelang fühlte sie „Ja, das ist es ..." – dieses Einssein mit der Melodie, das war es, wonach sie sich im Innersten Herzen gesehnt hatte ...

Leise verklang die Melodie – und die Verzauberung löste sich behutsam von dem kleinen Drachen ... Sie stand da, mitten im Wald, die Vorderpfoten weit ausgebreitet, als wolle sie das Leben umarmen – und war zutiefst glücklich ...

I am the Lord of the Dance

Friedrich Nietzsche, ein deutscher Philosoph, hat einmal gesagt: „Ich würde nur an einen Gott glauben, der zu tanzen verstünde." Ein tanzender Gott? Einer, der sich der Musik, dem Rhythmus hingibt, der sich dreht und wiegt und vielleicht auch stampft und wirbelt – und möglicherweise dabei anderen auch schon mal ab und an auf den Fuß tritt? …

Wir sind eingeladen, uns dem Rhythmus des Lebens zu geben, dem Auf und Ab, dem HIn und Her, dem schwindligen Wirbel und den ruhigeren Passagen. Und da ist einer, der führt, der uns berührt, der uns hält, der den Weg vorgibt, auf den wir uns einlassen können – und der uns manchmal dabei vielleicht auch auf die Füße tritt. Aber – zur Melodie des Lebens tanzen Gott und Mensch, du und ich miteinander.

Zugvogel

du
hast
den ruf
gehört

die sehnsucht
treibt dich
geheimnisvolle
bestimmung

und du
fliegst
der heimat
entgegen

flügelschlag
um flügelschlag
deiner bestimmung
folgend

sich hineingeben
in das nichts
das alles ist
und sich finden
in der verlorenheit
die den weg
zeigt

Sternenhimmel

Vorsichtig rangiere ich das Auto auf den Parkplatz am Haus. Ich atme tief durch. Endlich daheim! Ich steige aus, bemühe mich, die Autotür leise zuzumachen, um die Nachbarn zu dieser späten Stunde nicht zu stören – und plötzlich fällt mir die Helligkeit mitten in der Nacht auf. Ich schaue zum Himmel empor, auf der Suche nach diesem geheimnisvollen Licht. Hoch oben über dem Tal steht der Mond, verlässlich, verheißungsvoll. Als sich meine Augen ein wenig an das Dunkel gewöhnt haben, sehe ich plötzlich die Sterne. Ich setze den Rucksack noch mal ab, lehne mich an mein Auto – und schaue. Ich erkenne den Großen Wagen, sehe hellere und weniger helle Sterne – und plötzlich verliere ich mich irgendwie in diesem Sternenhimmel, spüre, wie die Ruhe in mir einzieht, die Hektik des Tages von mir abfällt, ich mich plötzlich eins mit mir, mit der Welt, mit Erde und Himmel fühle.

Morgengrauen

aus dem Dunkel
heraus

meine Hoffnung
auf den Stern richten

der den kommenden Morgen
ansagt

und ihn
in meinem Herzen

aufgehen
lassen

Meine Grenzen

Es ist eine Grenze zwischen mir und den anderen, zwischen mir und meiner Umwelt – und durch diese Grenze werde ich klarer, fassbarer, begreifbarer. Ich beschreibe mich, indem ich sage, was ich bin, was ich kann, was meine Grenzen sind – und bekomme gerade dadurch Profil. Aus etwas Formlosem entsteht eine Form, in der es ein Innen und Außen gibt, ein Diesseits und Jenseits der Grenze.

So wie mich meine Haut von anderen Menschen trennt, mich begrenzt und damit auch „vereinsamt", so ist doch gerade die Haut gleichzeitig das Körperorgan, das mich die Berührungen des anderen wahrnehmen und empfangen lässt. Erst meine Grenzen lassen Berührungen zu. Das, was mich von anderen unterscheidet und trennt, macht mich überhaupt erst fähig, wirklich Beziehung aufzunehmen, und verbindet dadurch. Um Entwicklung und Wachstum in mir möglich zu machen, ist es notwendig, immer wieder meine Grenzen auch zerfließen zu lassen, sie aufzuheben, zu überqueren, vielleicht sogar auch einmal zu überschreiten: etwas ausprobieren, was ich noch nie getan habe; mich auf einen Menschen einlassen, der mir fremd ist; die verrückten Ideen in mir endlich einmal tun.

Meine Grenzziehung stimmt immer nur für eine bestimmte Lebenssituation – wenn sich meine Lebenssituation verändert, werde ich auch andere, neue Grenzen ziehen müssen. Bleiben meine Grenzen gleich, obwohl sich meine Lebensumstände ändern, dann werden meine notwendigen Grenzen zu Todesfallen. Wenn Identität Grenzziehung und „sein" bedeutet, so heißt Wachstum „Grenzen überqueren" und „werden". Es braucht beides in meinem Leben: das Ziehen von Grenzen und das Überschreiten dieser Grenzen. Und damit werde ich zu einem Grenzgänger zwischen Hier und Dort, Gestern und Morgen, Sein und Werden.

Auf dem Pilgerweg

Ja ,es ist leider ziemlich eindeutig – das linke Knie macht nicht mehr mit. ... In Pamplona bin ich dann zum Arzt oder genauer zum Gesundheitszentrum. Die Verständigung gestaltete sich ausgesprochen interessant. Nach viel Reden mit Händen und Füßen, Auslandskrankenschein, Krankenkassenkarte und Personalausweis war ich fünf Minuten später beim Arzt, ohne Warten, ohne Voranmeldung. Der war ausgesprochen nett, sprach aber wiederum auch nur Spanisch. Aber die Frage „Haben Sie da Schmerzen?" scheint sich in allen Sprachen gleich anzuhören. Immerhin, da wo er tastete, tat auch nichts weh. Ziemlich eindeutig jedenfalls war seine Aussage „nicht laufen" und in einem mehrsprachigen Patientenführer die Zeile: „Den Verband dürfen Sie nicht abnehmen!" ... Nach einer Viertelstunde bin ich wieder draußen – und alle Santiago-Pläne sind vorerst durchkreuzt.

Ich setze mich auf eine Bank vor dem Gesundheitszentrum und kann schließlich die Tränen nicht mehr zurückhalten. Nicht mehr laufen können, nicht wissen, was überhaupt los ist und wie lange das dauern wird – und klar sehen, dass mit dem Knie und der mir zur Verfügung stehenden Zeit ich auf keinen Fall die gesamte Strecke von Pamplona nach Santiago zu Fuß gehen kann … so ein Mist aber auch …

Ich bin hier ganz allein in der Fremde, ohne große Möglichkeiten der Verständigung, abhängig vom „good will" derer, die hier zu Hause sind, ich fühl mich schwach und verletzbar – und erlebe diejenigen, die hier zu Hause sind, als stark, mächtig, sicher. Aber inwieweit bin ich möglicherweise zugleich in meiner Schwachheit eine Anfrage an ihre Lebensform? In Puente la Reina ziehen am Tag vierzig, fünfzig Pilger durch – eine permanent installierte Anfrage für diejenigen die hier leben. Wie lebt man richtig? Und wer lebt richtig?

Ich kann mir gut vorstellen, dass Menschen, die nicht in sich ruhen, nicht gefestigt sind, auf die durchziehenden Pilger auch mit Abwehr reagieren müssen – und dass andererseits für manche Pilger die Versuchung groß sein mag, irgendwo zu bleiben … Ich erlebe im Moment die Spannung in mir, Pilgerin zu sein, ohne gehen zu können, unterwegs sein wollen und doch bleiben müssen, mich mit einem Ort vertraut machen und doch in der Fremde sein, Bleibende zu sein und andere vorbeiziehen zu sehen.

Ich spüre, so langsam scheine ich mich meinem Thema dieser Tage anzunähern: Spannungen aushalten, gehen und bleiben, machen und lassen. Wenn ich einfach weitergegangen wäre, wenn alles geklappt hätte – ob sich mir dieses Thema dann nochmal so gestellt hätte? So langsam werde ich dankbar für diese erzwungenen Tage des Innehaltens … ob vielleicht manchmal gerade im scheinbaren Scheitern das Gelingen liegt?

Leichtigkeit

spielerisch kreisen
anmutig fliegen
kraftvoll wirbeln

bestaunt fasziniert
beneidet beklatscht
bewundert einsam

weiß nur
der Tänzer

um Tränen
und Schmerz

In mir das Leben finden

Manchmal kommt mir mein Leben wie ein Dschungel vor, wie eine undurchdringliche Wildnis. Pflanzen wuchern dicht an dicht: Sträucher, Büsche, hohe Gräser, Bäume, Farne, Efeu, Kletterpflanzen – kein Weg ist mehr zu sehen.

Ich weiß nicht mehr, wo ich bin; ich weiß nicht mehr, wo ich hin will. ich habe die Orientierung verloren – schlimmer noch: Ich habe mich verloren …

Wenn ich das Leben finden will, dann muss ich mich auf den Weg machen, dann muss ich mich auf die Suche nach mir machen. Dann muss ich mich in diesen Dschungel hineinwagen, behutsam Fuß vor Fuß setzen, Äste zur Seite biegen, mich bücken und ducken, über Felsen hinwegklettern, Bäche durchwaten – dann muss ich mich auf das Abenteuer einlassen, das ich selbst bin. Schritt für Schritt …

Tief in mir, versteckt, zugewachsen, verborgen, zugeschüttet – das Wasser des Lebens, der Strom des Lebendigen, die unbändige Kraft des Lebens, die Lust des Seins.

In mir muss ich suchen, nicht an anderen Orten. Jetzt muss ich suchen, nicht irgendwann. In die Tiefe muss ich gehen, nicht an der Oberfläche bleiben.

Hinunter bis auf den Grund, zurück zur Quelle des Lebens.

Fort aus dem Alltag, der mich gefangenhält, dem Gejagtsein ein Ende setzen, mich der Macht des Faktischen entziehen, loslassen, was mich besitzt, den Teufelskreis durchbrechen.

Tief in mir strömt das Wasser des Lebens. Keine Fantasie, keine Illusion, keine Einbildung, kein Wunschtraum – sondern Zusage, Realität und Geschenk.

Lebendigkeit wagen

Sich zu entscheiden – das ist nicht immer leicht. In dem Wort ist das alte Wort „scheiden“ enthalten, das „spalten, trennen“ bedeutet: Indem man sich für etwas entscheidet, verabschiedet man sich von etwas anderem. Ich entscheide mich für einen bestimmten Beruf und verabschiede mich damit vorerst von x anderen Möglichkeiten, meinem Leben eine Form zu geben. Ich entscheide mich für eine Lebensform, für einen konkreten Partner, und damit kommt anderes und kommen andere nicht mehr in Betracht ... Sich mit einer Entscheidung für etwas zugleich gegen etwas zu entscheiden, das macht es manchmal so schwer. Und das kann dann schon die Frage aufkommen lassen: Wie entscheide ich mich richtig? Eine alte, weise gewordene Ordensfrau hat mir einmal gesagt: Wenn du vor einer Entscheidung stehst und nicht weißt, wie du dich entscheiden sollst, dann entscheide dich für das, was dich lebendiger macht!

Lebendiger – das finde ich ein spannendes Kriterium für eine Entscheidung.

Lebendiger – das heißt nicht unbedingt: einfacher, glücklicher, leichter, angenehmer.

Lebendiger – das heißt sich dem Leben zu stellen, sich durchaus herausfordern zu lassen, Neues zu wagen und zu probieren, sich von Altem zu verabschieden.

Lebendiger – das ist all das, in dem und bei dem ich mich spüren kann, auch wenn es eben nicht nur schöne, nette, angenehme Gefühle sind. Lebendig – da tut sich was, da tut mir etwas gut, daran kann ich wachsen, mich weiterentwickeln. Da mach ich mich auf den Weg, da bin ich bereit, aufzubrechen, da komm ich ins Fragen und Suchen.

Lichtspur der Engel

einstimmen
ins Lob
voll Staunen
ob der Schöpfung

einschweigen
in die Stille
voll Ehrfurcht
ob des Lebens

einlieben
ins Sein
voll Liebe
ob des Geschaffen-Seins

einen Flügelschlag lang
ahnen
was Leben
ist

Heute

Mit achtzig
ein Gesicht haben
in dem Augen leuchten
und
Falten
Geschichten
erzählen

so möcht
ich sein

Heimweh nach Afrika

ich habe Heimweh nach Afrika
habe Heimweh nach den endlosen Weiten
mit braungrünem Savannengras
habe Heimweh
nach dem Licht der Abenddämmerung
wenn die Giraffen
langsam zum Wasserloch ziehen
die Löwen auf ihre stille Jagd gehen
ein Elefant als dunkler Fels
unter einem Baum döst
ich habe Heimweh
nach dem schnellen Lauf der Antilopenherde
nach dem Röhren der Flusspferde in der Nacht
nach den Trommeln
die von fern herüberklingen
ich habe Heimweh nach der Musik
die so fremd und irgendwie doch vertraut ist
habe Heimweh
nach der farbenprächtigen Lebendigkeit
der Plätze und Straßen

dem freundlichen Lächeln
den strahlenden Augen
in einem dunklen Gesicht
ich habe Heimweh nach Afrika

jeder hat Heimweh nach Afrika
auch wenn er noch nie dort war
der Zauber die Sehnsucht
das Fremde das Geheimnis
kein Touristenprogramm
mein unentdeckter Kontinent
voll Zusagen und Gefahren
mit Erwartung und Hoffnung
Angst und Bangen
mich neu verweisen lassen
auf die Wurzeln des Seins
mich aussetzen riskieren
suchen
um zu finden
vielleicht
ich habe Heimweh nach Afrika

und jeder von uns ist Afrika
ich selbst bin mein unentdeckter Kontinent
in mir begegne ich dem Fremden
dem Anderen
das zugleich so vertraut zu sein scheint
in mir lebt das Ursprüngliche
und ich suche mich
voll Angst und Bangen
mit Träumen und Hoffnungen
voll Erwartung auf Leben
mit Sehnsucht nach Sein
und da ist ein Bild
ein Klang
da sind Wortfetzen
da sind Berührungen
und da ist die Sehnsucht
endlich heimzukommen

ich habe Heimweh nach Afrika

2

Das Passwort heißt Liebe

Zugvögel

Reiß dir
keine Feder aus
um das Nest zu polstern

ich will uns beide
fliegen
sehen

Eine Zeit zu lieben

Liebe fragt nicht
ob gelegen
oder ungelegen
es ist Zeit

sie fragt nicht
nach Hoffnung
und Zukunft
es ist Zeit

sie fragt nicht
nach der Meinung
der anderen
es ist Zeit

sie kommt
mit Rosen
und Tränen
es ist Zeit

sie kommt
und du kannst dich
nicht wehren
es ist Zeit

es ist Zeit
dich der Liebe zu geben
Leben zu spüren
Liebe zu leben

Ich bin eine starke Frau

Ich lebe mein Leben
habe meine Meinung
weiß was ich will

ein Kuss von dir
kann mich schwach machen

In die dunkle Nacht

hinauslaufen
um an eine helle Häuserwand
den Satz zu sprühen:
Ich liebe dich!

Schreien ist ja
nach zweiundzwanzig Uhr
leider untersagt

Zärtlich leben

Zärtlich leben, das kann eine ganz schön revolutionäre Sache sein – denn Zärtlichkeit ist mehr als der Austausch von Zärtlichkeiten. Zärtlichkeit ist eine Lebenshaltung, eine Einstellung zum Leben, ein Lebenswert – wert, gelebt zu werden. Zärtlichkeit könnte unsere Gesellschaft, unsere Politik grundlegend umkrempeln, verändern. Über Zärtlichkeit zu schreiben ist schwierig; unsere Sprache tut sich schwer mit zärtlichen Worten. Und das Wort „Zärtlichkeit" selbst wird häufig schon mit ganz bestimmten Gedanken verbunden, nicht selten in sexuelle Richtung hin.

Aber Zärtlichkeit ist mehr.

Zärtlichkeit – das bedeutet für mich Nähe zu einem Menschen, das vor allem; aber auch Nähe zu meiner Umwelt, zu Pflanzen und Tieren. Da steht mir etwas nahe, da berührt mich etwas.

Zärtlichkeit – das geht nicht über den Kopf, über den Verstand. Zärtlichkeit will mit dem Körper gelebt werden. Wenn ich keine Beziehung zu meinem Leib habe, mein Körper mir ein Fremdkörper ist, dann kann auch die Zärtlichkeit nicht darin wohnen.

Zärtlichkeit – das ist keine Sache, die nur was für Frauen ist. Zärtlichkeit ist eine zutiefst menschliche Eigenschaft. Aber unsere Gesellschaft gesteht Frauen eher Zärtlichkeit zu als Männern. Und dies wurde und wird leider noch häufig in der Erziehung auch so praktiziert. Jungen weinen nicht, Männer müssen Leistung bringen. Nur langsam lösen wir uns von unseren Vorstellungen, gestehen Männern Zärtlichkeit zu.

Kein Wunder, dass sich viele Männer noch schwer tun mit der Zärtlichkeit.

Zärtlichkeit – in einer Gesellschaft, die aufs Funktionieren abzielt, auf Leistung angelegt ist, ist sie für viele überflüssig. Zärtlichkeit lässt sich nicht in Aktenordnern abheften; Hektik, Stress lassen keine Zeit für Zärtlichkeit; leere Strukturen und Bürokratie schnüren die Luft ab. Deswegen hat die Zärtlichkeit in unseren Schulen, an den Arbeitsplätzen, auch in unseren Kirchen, keinen Raum; tut sie sich schwer, dort zu wohnen.

Zärtlichkeit – das kann ich nicht kaufen und verkaufen. Das ist eine Dimension menschlichen Lebens, die in die Tiefe und unter die Haut geht. Zärtlichkeit ist immer ein Geschenk, das ich geben und empfangen darf.

SANFTES HAUCHEN
leises Raunen
zartes Schmeicheln
lindes Streicheln

unwiderstehlich
verzaubernd
anmutig
verführend

knospende Blüte am Zweig
lockender Ruf eines Vogels
schmale Sichel des Mondes
raunendes Flüstern des Windes

mich
ganz zart
berühren lassen
von dir

Vielleicht war es doch die Lerche

der Rosenzweig
in meinem Herzen
konnte dir
der Himmel nicht sein

so lasse ich dich

ziehen flieg
der Freiheit entgegen

solltest du
ein Nest brauchen
ruf mich an

vielleicht
bin ich daheim

Unaufdringlich
klopft
meine Zärtlichkeit
an deine Tür

bereit
die Räume zu erfüllen
die du öffnest

bereit
vor verschlossenen Türen
zu warten
lange
wenn es sein muss

hartnäckig
liebevoll
kann meine Zärtlichkeit sein

manche
sagen
Treue
dazu

ICH VERSPRECHE
dir nicht
die zu bleiben
die ich bin

ich verspreche dir
alles zu tun
die zu werden
die ich sein soll

und diesen Weg
zu gehen
in Treue
zu dir

Netzwerk Freundschaft

Allein leben – um so wichtiger sind mir Freunde, die mich auf meinem Weg begleiten. Die, die mir Freunde sind, sind Menschen, die leben – in allen Dimensionen ihres Mensch-Seins. Sie können so mit sich beschäftigt sein, dass ich über Jahre nur als Adresse in ihrem Notizbuch existiere – aber ich weiß, wenn ich heute anriefe und sagte: Du, ich brauch dich, dann wären sie da. Und ich hoffe, sie wissen das Gleiche von mir. Sie sind das Fangnetz unter meinem Trapezseil, und jeder dieser Menschen ist ein Knoten in diesem Netz. Sie geben mir Sicherheit, Wärme, Heimat, Geborgenheit – über Hunderte von Kilometern entfernt, einfach durch mein Wissen um sie. Solche Freunde brauche ich nicht täglich anzurufen; ich weiß, sie sind da, das reicht.

Freunde, die mich auf ihre Art begleiten, bei mir sind – manchmal lange nicht gesehen, aber ich weiß um den gemeinsamen Weg,das gemeinsame Ziel. Von dem Wissen um solche Mitmenschen kann ich nicht genug kriegen. Jeder Mensch, der mir in solch einer Tiefe begegnet, ist ein Geschenk für mich – jedem Menschen, bei dem ich das gemeinsame Ziel auch nur ahne, spüre ich nach.

Ein Netzwerk von Menschen, von denen jeder an seinem Platz seine Arbeit tut für eine menschliche Welt – ein Netzwerk von Freunden, das mich hält und trägt, wenn ich nicht mehr weiterweiß. Und gleichzeitig ein Netz, das mich aushält und erträgt, wenn ich mit mir selbst nicht mehr klarkomme. Es gibt solche Menschen in meinem Leben; dafür bin ich dankbar. Es kommen neue hinzu, manchmal sehr überraschend – das Netz knüpft sich weiter. Andere, die mich ein Stück Weg begleitet haben, verliere ich aus den Augen – sie gehen einen anderen Weg als den, für den ich mich entschieden habe … dann bin ich ein wenig traurig, nehme Abschied von einer Beziehung, die mir wichtig war. Das Loslassen, den anderen seinen Weg finden und gehen lassen, kann weh tun. Aber es gehört dazu, wenn ich den anderen ernst nehmen will.

Mein Menschennetz lässt sich in keine Ordnung bringen – es lebt, ändert seine Gestalt: Knoten wachsen und lösen sich wieder, dichte, enggeknüpfte Stellen sind genauso zu finden wie weitmaschige. Es lebt, mein Netz, eben weil Menschen die lebendigen Knoten sind. Und solche Menschen suche ich …

Es gibt Freundschaften

da muss man sich
zueinander
durchkämpfen

das sind nicht
die schlechtesten

Kostbare Freundschaft

Ein guter Freund, das ist einer, von dem ich weiß, dass er da ist, wenn ich ihn wirklich brauche. Das ist einer, dem ich mich zu den unmöglichsten Uhrzeiten mit den unmöglichsten Dingen zumuten kann – wenn es sein muss. Das ist einer, mit dem ich schweigen kann – und manchmal Pferde stehlen. Das ist einer, der mich tröstet, wenn ich mich selbst und das Leben nicht mehr verstehe, der mir aber auch seine Meinung sagt und mir den Kopf zurechtrückt, wenn es nötig ist. Das ist einer, der mir den Rücken freihält – und mir nicht in den Rücken fällt. Gute Freunde in diesem Sinn, das werden immer nur einige wenige Menschen in meinem Leben sein – und ich bin sehr behutsam mit dem Wort „Freund". Ich schenke es nicht leichtfertig her, genauso wie ich meine Freundschaft nicht leichtfertig herschenke. Zu kostbar ist mir dieses Geschenk …

geborgenheit mit fragezeichen

ich fühle mich grad
einsam allein gelassen
ungeborgen unbeschützt

und es tut weh es schmerzt
nicht erzählen zu können
und nichts zu hören

alleine klarkommen zu müssen
und keinen
auf den man sich stützen kann

weil ihr grad zeit
und kraft für euch braucht
weil ihr jetzt nichts geben könnt
weil ihr auch an der grenze seid
weil ihr nicht weniger am ende
seid als ich

und mitten im lustlosen aufräumen
finde ich eine Notiz
es geht nicht darum
freunde zu haben
sondern freund zu sein

nicht die hand auf dich legen
den druck nicht zu erhöhen
den erwartungen nicht noch eine hinzufügen
dich lassen voller vertrauen

denn jede freundschaft
trägt etwas heiliges in sich
und unheiliges soll sie nicht belasten

leichter gesagt als gelebt
aber ich bin ja am aufräumen

MÖGE DAS INNERSTE
unserer freundschaft
heilig sein
und heilig bleiben

über die außenbedingungen
können wir ja dann
gelegentlich
noch mal nachdenken

misty cliffs

es gibt
eine welt
hinter der welt

du musst nur
durch
die nebel hindurch

die zweifel
die angst
das festhalten

dein fragen
dein sorgen
deine wichtigkeiten

der weg
in die andere welt
geht immer durch die nebel hindurch

und erst dann
wirst du erkennen
was wirklich zählt

übrigens:

das passwort
für den fährmann
heißt:

liebe

3

Mitten im Leben

Haben Sie heute schon gelebt?

Es gibt Tage in meinem Leben, da komme ich abends heim und frage mich – was habe ich heute nun eigentlich »gemacht«? Gut, ich habe vielleicht zwei Termine wahrgenommen, vier Briefe diktiert, zehn Telefonate geführt, einige Leute waren im Büro – ich kann schon aufzählen, was ich gearbeitet habe. Aber irgendwie, ein komisches Gefühl bleibt zurück. Und dann merke ich auf einmal, dass die Frage »Was habe ich heute eigentlich gemacht?« total falsch ist, dass sie eigentlich ganz anders lauten müsste, nämlich: Habe ich heute gelebt?

Ich lebe, klar, wer bezweifelt das? Schließlich sitze ich ja hier und schreibe. Aber bin ich auch lebendig? Lebe ich oder lasse ich mich leben – diktieren von Terminen, Umständen, Zwängen und all dem, was „man halt tut“?

Manchmal, da erfahre ich das Leben ganz intensiv. Da pulst mein Leben, meine Energie aus jeder Pore meiner Haut hervor. Da spüre ich auf einmal, was Leben alles sein kann.

Mein Leben ist ein Geschenk – was ich daraus mache, liegt an mir. Dabei bekommt jeder von uns einen Korb voll Wolle, aber keiner besitzt die ganze Auswahl. Der eine hat keine rote Farbe, dem anderen fehlt das dicke Garn, mit dem man so herrlich schnell vorankommt. Aber jeder hat seinen Korb mit Wolle – und der ist voll, übervoll. Ich kann von diesem Korb mit Wolle sogar anderen abgeben – mein Leben mit anderen teilen. Für eine solche Art zu leben aber muss ich mich entscheiden. Sie ist sicher anstrengender als sich leben zu lassen, mitzuschwimmen im Strom. Aber ich denke, sie ist auch um vieles reicher, voller, dichter. Wert – gelebt zu werden ... von mir gelebt zu werden.

Haben Sie heute schon gelebt?

Abschied vom Konservenleben

heut
lad ich mir
den Schmetterling ein
um zu lernen
wie ich von Blüte
zu Blüte schaukle

und lerne vertrauen
dass morgen
eine neue
Blume blüht

Das Wesentliche
in meinem Leben
braucht meistens
so viel Raum
dass Nebensächliches
keinen Platz mehr hat

Aufräumen
zum Beispiel

Chaos und Ordnung

Manche Menschen verstehen Chaos und Ordnung als gegensätzliche Pole, die nicht miteinander vereinbar sind. Diejenigen, die dabei auf den Pol „Ordnung“ gesetzt haben, erschrecken oft, wenn dann plötzlich doch das Chaos in ihrem Leben Einzug hält, diejenigen, die auf den Pol „Chaos“ schwören, übersehen oft, dass ihr Chaos manchmal bereits schon wieder eine Ordnung hat.

Wir sind angewiesen auf das Vertraute, die Routine, die Gewohnheit. Es ist ganz gut, dass es Rituale gibt, Normen, Gesetzmäßigkeiten – und ich nicht jedes Mal neu überlegen muss, wie ich die Situation jetzt denn am besten gestalte. Bei vielen Menschen ist der Tagesablauf ritualisiert und bedarf nicht mehr großer Überlegung. Das spart Zeit und Kraft und ist durchaus vernünftig. Ich kann nicht alles und jedes immer wieder neu von vorne überlegen.

Eine solche Ordnung schafft Sicherheit und Verlässlichkeit. Problematisch wird es, wenn diese Ordnung so fest und starr wird, dass ich nicht mehr in der Lage bin, mich daraus zu lösen, es eben auch mal anders zu machen, wenn es die Situation erfordert. Manche Menschen schaffen es, durch ihre allzu starre Ordnung überhaupt erst das Chaos zu erzeugen.

Ordnungen, so hilfreich sie sein mögen, schreiben und legen wiederum fest. In manchen Kontexten ist das ganz hilfreich, eben wenn es darum geht, Bewährtes nicht einfach den Launen des Zeitgeistes zu überlassen – aber manchmal stehen sie eben auch notwendigen Veränderungen und Neuerungen im Weg. Die Ordnung braucht ab und an ein bisschen Chaos, um nicht in sich selbst zu erstarren, sondern beweglich zu bleiben.

Mit Gegensätzen leben lernen

Das Helle und das Dunkle, Licht und Schatten, Tag und Nacht bedingen einander, ja brauchen sich, um das jeweils Eigene zu sein. Der Frühling wird erst durch Sommer, Herbst und Winter zum Frühling. Es braucht das Durchleben der Wochen und Monate, in denen ich vom morgendlichen Autoscheiben-Freikratzen geweckt werde und weiß, ich muss zehn Minuten früher die Wohnung verlassen. Es braucht die kurzen Tage, an denen ich durch Arbeitszeiten bestimmt morgens im Dunkel weggehe, abends im Dunkel heimkomme. Es braucht die eiskalten Hände und den eingefrorenen Wasserhahn und die Sehnsucht nach lauen Sommernächten, um den Frühling wirklich begrüßen und willkommen heißen zu können.

Kämpfen und Loslassen

Wenn ich andauernd nur kämpfe – um Beziehungen, um Verstandenwerden, um Geliebtwerden, aber nichts und niemandem Zeit lasse, um zu wachsen, dann kann Leben nicht gelingen, haben Saatkörner keine Zeit, zu keimen und aufzugehen. Mein Tun bedarf auch des Ruhenlassens, ich darf mich zur Ruhe legen – und kann und darf den anderen die Zeit geben, die sie für sich, ihr Wachsen, ihren Prozess brauchen.

Andererseits: Nur freundlich an der Seite stehen und darauf warten, dass sich irgendwas tut – das geht auch nicht. Der Boden will umgegraben, der Same ausgesucht und sorgfältig behandelt sein … es braucht meinen Teil. Wenn ich den aber getan habe, dann kann ich unbesorgt „in Ruhe lassen“: mich und die anderen. Und ich muss es sogar, will ich das Zarte, Aufkeimende nicht beim Wachsen stören.

Im Übergang leben

Chaos und Ordnung folgen aufeinander. Eine Ordnung wird durch das Chaos abgelöst, auf das Chaos folgt eine neue Ordnung. Und dieser Wechsel hat bereits schon wieder seine eigene Ordnung. Eine alte Ordnung muss vergehen, sei es durch eine langsame und allmähliche Entwicklung von innen heraus, sei es durch ein Ereignis von außen. Gewohnheiten, Denkmuster, Verhaltensweisen, „Normalitäten" werden plötzlich aufgeweicht, weggenommen, passen und stimmen nicht mehr – und Neues ist grad noch nicht in Sicht. Es sind Zeiten, in denen die Ordnung abwesend ist, Zeiten, die einen verunsichern, durcheinander bringen können – aber es sind auch Zeiten, in denen Neues wachsen und entstehen kann. Mitten im Chaos entsteht eine neue Ordnung. Und eine Ordnung vergeht und macht dem Chaos Raum. Jedes Chaos ist der Übergang von einer Ordnung zu einer anderen – und keine Ordnung ist so stabil, als dass sie nicht ins Chaos geraten könnte.

Mitten im Chaos kann etwas ganz Neues heranwachsen, das muss nicht besser, aber auch nicht schlechter sein als das Vorhergehende – es ist etwas Neues. Und damit vielleicht stimmiger für die neue Lebenssituation, kreativer, frischer, unverbrauchter. Manchmal kann das Chaos der entscheidende Hinweis dafür sein, dass etwas Neues in meinem Leben angesagt ist – und davor muss ich eigentlich nicht unbedingt erschrecken, sondern könnte es eigentlich auch begrüßen. Ich geb gerne zu, das Neue und Andere ist nicht unbedingt immer leicht – aber ich find's auch spannend. Und wenn ich auf mein Leben zurückschaue, dann bin ich in diesen Stunden, wo es scheinbar überhaupt nicht mehr weiterging, ganz schön gewachsen, auch, wenn ich manchmal nicht wusste, wohin … Aus dem Chaos wird das Neue geboren, mitten im Chaos ist die Lebendigkeit, „die Mitte der Nacht ist der Anfang des neuen Tages" …

Mann sein, Frau sein – Mensch werden

Es gibt Frauengruppen
die reden über
ihre Situation
als Frau

es gibt Männergruppen
ich vermute
sie reden über
ihre Situation
als Mann

am wohlsten
fühle ich mich eigentlich in
Menschengruppen

Von Männern und Frauen

Als Schriftstellerin weiß ich, dass sich Wirklichkeit auch in Sprache abbildet, Sprache wiederum Wirklichkeit beeinflusst – trotzdem: Manchmal habe ich einfach keine Lust mehr, „Teilnehmer und Teilnehmerinn", „Leiter und Leiterinnen" ... zu sagen und zu schreiben. Frauenbuchhandlungen, an denen das Schild steht: „Männer unerwünscht", machen auch mir als Frau Angst. Der Mann an sich ist für mich nicht der „potenzielle Vergewaltiger" – die Tatsache, dass es Männer gibt, die Frauen vergewaltigen, spricht nicht gegen diese Grundaussage. Und ich bin mir auch unsicher, ob wir Frauen nicht andere, subtilere Formen der Vergewaltigung von Männern erfunden haben. Ich halte nichts von einem „Kampf der Geschlechter" gegeneinander. Die Ganzheit der Welt braucht beides, das Männliche und das Weibliche. Es braucht das je Eigene (und damit auch die Spannungen, die damit verbunden sind!), damit Leben sein und wachsen kann. Dass die Welt krank ist, liegt möglicherweise mit daran, dass über Jahrhunderte hinweg das männliche Prinzip übermächtig war und das weibliche Prinzip nicht zum Zuge kommen ließ. Aber es ist noch komplizierter: In mir als Frau leben ja nicht nur weibliche Prinzipien, sondern auch männliche. Ich kann zum Beispiel ganz gut strukturieren und habe einen guten Orientierungssinn, beides Eigenschaften, die eher dem männlichen Prinzip zugeschrieben werden. Und ich kenne eine ganze Reihe Männer, die sehr mütterlich, zuwendend, rhythmisch leben. In der Psychologie heißt das: „anima" (das weibliche Prinzip) und „animus" (das männliche Prinzip) in Mann und Frau wahrnehmen und integrieren. Ich muss das mir Eigene entdecken, ans Tageslicht holen, es leben oder gegebenenfalls verändern – auch wenn das, was ich da in mir finde, vielleicht dem Bild der Frau so auf den ersten Blick nicht unbedingt entspricht.

Frauenrollen

Die Rolle hab ich
gut gelernt
man weiß ja
was gespielt wird

nur der Balkon ist
eingespart der Ruf der
Nachtigall bleibt
ungehört Romeo streicht
in Kulissen rum und will
nicht schwör'n.

man hat auf meinen
Auftritt nicht gewartet
Stichworte bleiben
ungesagt ich lass mein
Kleid zu boden fall'n und
schmink mich ab
die Julia ist nicht
gefragt

der Vorhang fällt
zum nächsten Akt

doch den
schreib ich
für mich

allein

Zusage

Du brauchst nicht
das Unmögliche
möglich zu machen

du brauchst nicht
über deine Möglichkeiten
zu leben

du brauchst dich nicht
zu ängstigen

du brauchst nicht
alles zu tun

du brauchst
keine Wunder zu vollbringen

du brauchst dich nicht
zu schämen

du brauchst nicht
zu genügen

du brauchst Erwartungen an dich
nicht zu entsprechen

du brauchst
keine Rolle zu spielen

du brauchst nicht immer
kraftvoll zu sein

und du brauchst nicht
alleine zu gehen

Drei Schritte zum Leben

Menschen, die in der Gegenwart nicht mehr aus noch ein wissen, brauchen zum einen die Erinnerung an die Vergangenheit. Wovon hast du einmal geträumt? Es ist die Erinnerung an die Wurzeln, aus denen heraus ich lebe – und selbst, wenn alles andere in mir tot zu sein scheint, in den Wurzeln steckt die Lebenskraft. Gleichzeitig kann es notwendig sein, die eine oder andere Handlungsanweisung für die Bewältigung der konkreten Situation zu geben. Um nicht im Chaos zu versinken, braucht es manchmal den einen oder anderen Pflock, an dem ich mich festhalten kann. Und es braucht die Aussicht auf eine Perspektive. Handeln wird ein Mensch immer nur dann, wenn er sich davon eine bessere Zukunft verspricht. Man könnte die drei Schritte auch ganz einfach so sagen: Woraus lebe ich, was sind meine Wurzeln? Wie möchte ich leben? Und was muss, kann, sollte ich heute dafür tun?

4

Wenn ich meinem Dunkel traue

Mutter Nacht

Nur in den dunklen
Stunden der Nacht
bekommen Visionen
Hand und Fuß
haben Träume
ein Gewicht
werden Märchen
Wirklichkeit

und verwundert
lauscht der Morgen
unbekannten Melodien

Die Grenzen positiven Denkens

Positiv zu denken ist sicher hilfreich in vielen kleinen Alltagssituationen, und wo es hilft, sollte man es auch ruhig praktizieren. Manche Menschen schauen die Welt tatsächlich so konsequent aus einem negativen Blickwinkel an, dass es heilend sein kann, einmal die Perspektive zu wechseln. Das allereinfachste Beispiel ist das von dem Glas: Ist es schon halbleer oder noch halbvoll? Es mag einen neuen Zugang zu einer schmerzhaft erlebten Lebenssituation eröffnen, wenn ich mich fragen kann: Was habe ich daraus gelernt? – und eben nicht nur ins Jammern und Klagen komme.

Es gibt aber eine Variante des positiven Denkens, die nicht einlöst, was sie verspricht: Sie versagt dort, wo wirklich das Leben des Menschen einbricht, sie trägt nicht mehr, wo man Situationen gegenübersteht, die einen so aus der Bahn werfen, dass man nicht mal mehr denken kann, geschweige denn positiv. Da, wo's ans Eingemachte geht, hilft positives Denken nicht mehr weiter. Leid, Katastrophe, Schmerz können nicht rational weggedacht oder gar positiv umgedeutet werden, sie müssen durchlebt und durchlitten werden. Trauer und Angst, Schmerz und Einsamkeit, Sinnlosigkeit und Chaos müssen im Durchleben verarbeitet werden, damit Neues werden und wachsen kann. Die Verdrängung und Negierung machen nicht heil, sondern unheil, sie können zu Krankheiten führen, körperlich und seelisch.

Der Glaube an die Machbarkeit gaukelt etwas vor, was gar nicht gehen kann. Und er macht nur Stress, denn immer, wenn etwas nicht klappt, habe ich versagt und war nicht tüchtig und fleißig genug. Und dann hocke ich drin im tiefsten Dunkel und versage auch noch im positiven Denken. Leid und Tränen, Schmerz und Einsamkeit, gehören zum Leben dazu – und es ist unmenschlich, sie nicht zuzulassen.

Die Kraft des Wünschens

Wenn Menschen vom Dunkel umfangen sind, scheinen sie oft kraft- und antriebslos zu sein. Meist aber täuscht dieser Eindruck. Selbst im größten Unglück haben Menschen in aller Regel noch ein Bild, eine Ahnung davon, wie es denn sein könnte, wenn es all dieses Leid nicht mehr gäbe. Wirklich resigniert hat erst der, der keine Wünsche mehr hat. Und solange ein Mensch sich etwas wünschen kann, so lange ist auch noch Kraft in ihm.

Sich etwas wünschen, das ist mehr als nur etwas benennen, was ich geschenkt bekommen möchte. Kraftvolle Wünsche kommen aus der Tiefe und entspringen einer Sehnsucht, die zugleich das Bild einer anderen Wirklichkeit zeigt. Wenn ich solche Wünsche bei mir entdecken will, dann muss ich zunächst einmal auf mein Leben genauer hinschauen. Da gibt es Dunkelheiten, da sind Tränen und Leere, da ist Gebrochenheit, nicht gelebtes Leben. Indem ich mich diesen Dunkelheiten stelle, kann ich mir bewusst werden, unter welchem Mangel ich eigentlich wirklich leide: ein Mangel an Beziehung und Freundschaft, ein Mangel an Sinnerfüllung, ein Mangel an Möglichkeiten, mir selbst zu begegnen, ein Mangel an Gott, ein Mangel an Lebendigkeit.

Aus einem solchen Ahnen und Wissen um das Dunkle in mir wird dann die Sehnsucht wachsen, eine tiefe Sehnsucht, die mich unruhig macht und umhertreibt. Ich habe Sehnsucht, ja ich bin Sehnsucht – das ist Wünschen.

Meine Sehnsucht malt Bilder einer anderen Wirklichkeit. Ich stelle mir vor, wie es denn besser, schöner, lebendiger sein könnte – und bringe dies durch meinen Wunsch in Worte. Jeder Wunsch erzählt damit gleichzeitig vom Dunkel in mir, von der daraus erwachsenden Sehnsucht und von einer anderen Wirklichkeit – und in dieser Spannung zwischen Realität und Vision kann das Leben wachsen.

Wünsche, die einer tiefen Sehnsucht entspringen, tragen Kraft in sich. Diese Kraft, die in mir liegt, kann ich leichtfertig vertun, indem ich meinen spontanen Bedürfnissen nachgebe, ohne dabei auf meine Situation und das, was ich wirklich brauche, hinzuschauen. Ich kann diese Energie aber auch kraftvoll einsetzen, indem ich das Dunkel in mir annehme, die Sehnsucht wachsen lasse und mit ganzem Herzen und voller Leidenschaft meinen Wünschen einen Namen gebe und meine Schritte, mein Handeln danach ausrichte.

Es gibt Wünsche, die so unrealistisch sind, dass sie sozusagen überhaupt erst die Probleme verursachen. Erfüllt sich ein Wunsch auf Dauer nicht, so wäre eine Überprüfung meines Bildes sicher angebracht und hilfreich. Zum anderen aber muss es wohl auch im Leben eines jeden Menschen Wünsche geben, die unerfüllt bleiben. Käme eines Tages die Fee einmal zu mir, so wüsste ich bereits meinen ersten Wunsch: nie wunschlos zu sein.

Das Dunkel aushalten

Erst in der Dunkelheit kann die Sehnsucht in mir wachsen, kann so groß werden, dass sie die Kraft zum Aufbruch zeugt. Das hört sich nach Passivität an, ist aber in Wirklichkeit ein ausgesprochen aktiver Prozess. Leichter wäre es, vor diesem Dunkel in irgendwelche Aktivitäten zu fliehen, die Leere mit Terminen, Verabredungen, Projekten zu überdecken, künstliche Lichter anzuschalten, die das Dunkel vertreiben sollen.

Aushalten, loslassen, zulassen – das kann so viel Kraft kosten, dass es mich an die Grenzen meiner Möglichkeiten bringt und sie vielleicht sogar übersteigt. Aber erst aus einem solchen Annehmen der Situation heraus, einem Akzeptieren meines eigenen Dunkels, einer Versöhnung mit meinen Schwächen und Defiziten, kann Aufbruch, kann Veränderung geschehen.

Du

wenn meine Sprache
wortlos wird

und die Bilder
in mir verblassen

wenn mich der Mut
verlässt

und die Kraft
verbraucht ist

wenn mich das Dunkel
überfällt

und ich
nur noch Sehnsucht bin

bleibt
der Schrei nach Leben

ein kleiner
roter
luftballon

eine holzkiste
dreißig auf vierzig zentimeter
sterne auf blauem grund
ein regenbogen
und die handabdrücke
der eltern und
des kleinen bruders

carla

im siebten monat
tot zur welt gekommen
bei den sternenkindern
begraben
eine hoffnung durchkreuzt
ein leben
heimgeholt von gott

und die frage nach dem warum
nach dem wieso
und es gibt
keine antwort
und der himmel hängt tief
und es ist kalt
und die welt ist grau

die eltern bleiben am grab
allein zurück
schwach leuchtet die kerze
der kleine sarg ist eingesenkt
sie haben nur noch sich selber
nehmen sich in den arm
und ein luftballon wiegt sich im wind

und plötzlich
steigt der luftballon
in die nebel hinein

ein rotes herz
im grau des himmels

fliegt

der unendlichkeit
entgegen

heimgegangen

Mitten im Dunkel

Der Tod gehört existenziell zu unserem Mensch-Sein, Krankheit und Einsamkeit können wichtige Lebenserfahrungen beinhalten, es gibt entwicklungsbedingte Krisen, durch die wir hindurchmüssen, wenn wir eine nächste Lebensstufe erreichen wollen. All diese Dunkelheiten kann Gott nicht „wegzaubern".

Und da mögen auch manche Gebete durchaus in die falsche Richtung gehen. Gott nimmt mir nicht die einsamen Stunden und die Tränen, er erspart mir die Sinnfrage nicht, die Erfahrungen von Heimatlosigkeit und absoluter Verzweiflung. Gott nimmt mir meine Dunkelheiten nicht. Und vielleicht ist das auch ganz gut so. Mir würde manche wichtige Erfahrung fehlen, wenn es diese dunklen Stunden in meinem Leben nicht gegeben hätte, mancher Schritt wäre ungegangen geblieben, wenn nicht gerade in solchen Nächten die Sehnsucht und die Kraft gewachsen wären.

Das für mich viel Entscheidendere aber ist: Gott nimmt mir zwar meine Dunkelheiten nicht, aber er begleitet mich durch sie hindurch. Er geht mit mir, er trägt mich dort, wo ich den Boden unter den Füßen verloren habe, er verlässt mich nicht. Dort, wo es für uns am dunkelsten ist, ist Gott möglicherweise am allernächsten.

Das ist abgrundtiefe Solidarität – im wahrsten Sinn des Wortes. Wenn Gott uns unsere Dunkelheiten schon nicht nehmen kann, dann will er wenigstens mit dabei sein, damit wir uns nicht verlieren. Gott geht mit, Gott ist dabei – und geht voraus. Die Solidarität Gottes ist keine Schönwettersolidarität, sondern geht mit bis in den Tod hinein. Das nimmt mir nichts von meinem Dunkel, nichts von den Tränen, der Einsamkeit, der Wut und den Schmerzen. Aber ich bin nicht mehr allein. Da ist einer, der all dies durchlebt hat, um mir nahe zu sein in dem, was ich erlebe und erfahre.

Dunkler Segen

Segne du uns
dunkler Gott
du
der sich geheimnisvoll
unserem Begreifen entzieht
der du dein Antlitz vor uns verbirgst
unsere Fragen mit Schweigen beantwortest

segne du uns dunkler Gott
du der du uns Zumutung und
Herausforderung bist
dessen Tun unergründlich bleibt
dessen Handeln sich unserem Begreifen
entzieht

segne du uns dunkler Gott
du der du dich von uns abwendest
uns alleine lässt
uns leiden lässt
uns verwirrst und beunruhigst

segne uns du dunkler Gott
du abwesender
schweigender
unfassbarer
harter
namenloser

segne du uns dunkler Gott
damit wir den Mut haben
das Dunkel in uns wahrzunehmen
den eigenen Abgrund zu erspüren
der Nacht zu glauben
uns auf den Grund zu gehen

segne uns dunkler Gott
indem du Einsamkeiten nicht nimmst
Sicherheiten erschütterst
Hoffnungen nicht erfüllst
Pläne durchkreuzt
Sehnsucht nicht stillst

segne uns dunkler Gott
indem du unsere Träume verjagst
unsere Bilder zerreißt
Geborgenheit entlarvst
Erwartungen zerstörst
zum Aufbruch zwingst

segne uns du dunkler Gott
segne die Sehnsucht
segne die Unerfülltheit
segne die Hoffnungslosigkeit

segne
du
mein Dunkel
und bleib mir
dunkler
treuer
Wegbegleiter

Im Dunkel wächst die Kraft

Mitten im Dunkel wächst die Kraft, oft ganz unbemerkt, aber sich dann doch am Licht ausrichtend, wenn es an der Zeit ist. Da, wo das Leben scheinbar abgestorben ist, erstickt, begraben, kann aus der Tiefe die Kraft wachsen. Damit aber verliert auch das Dunkel seine Macht und braucht mich nicht mehr zu ängstigen. Ja, vielleicht sogar mehr noch: Möglicherweise ist das Dunkel der Schutz, die Geborgenheit, die ich brauche, damit neues Leben entstehen und wachsen kann. Es darf dunkle Zeiten in meinem Leben geben, und es mag sein, dass gerade dann, wenn alles in mir tot zu sein scheint, das Leben neu Kraft schöpft. Es kann sein, dass gerade das Dunkel etwas in mir birgt und schützt, was noch nicht stark genug ist für das helle Licht des Tages, was noch im Stillen heranwachsen muss. Mag sein, dass ich das Dunkel brauche, um neu leben zu können.

Wider die Resignation

In den Wüsten des Lebens
Wasser und Brot nicht verachten
den Worten des Engels trauen

noch einmal
aufbrechen
losgehen
das Leben suchen

um zu finden
was ich nicht suchte

5

Die größere Sehnsucht

Zufall

Das Wort „Zufall“
will eigentlich nur sagen
dass mir etwas zu-fällt

Es trifft keine Aussage
über den
der wirft

Dunkles Gebet

ich schreie
und du kommst nicht

ich weine
und du tröstest mich nicht

ich bettle
und du hörst mich nicht

von Gott
verlassen

aber

immer
noch

du
sagen

Du sagen

Ich glaube an einen Gott, der das Leben und die Lebendigkeit will. Ich glaube an einen Gott, der mich gewollt hat, noch bevor meine Eltern wussten, dass es mich gibt, ich glaube an einen Gott, der zu mir Ja sagt.

Ich glaube an einen Gott, der mich liebt, vorbehaltlos – ohne dass ich erst große Leistungen erbringen muss. Dieser Gott erspart mir mein Dunkel nicht – würde er es mir ersparen, könnte ich nicht wachsen. Aber er geht mit. Mitten im Dunkel ist da einer, der mir vertraut, der mich will, der mitgeht.

Und zu dem darf ich ganz einfach „Du" sagen – du bist bei mir, du gehst mit. Und ich darf schimpfen und schreien und fluchen – und du bist einfach da. Ich habe ein „Du" – und dieses „Du" ist die Wurzel, die mich hält.

Im Anfang

Im Anfang
war das Nichts
doch das Nichts
konnte nur sein
weil es
ein Alles gab

und das Alles
war Gott
ein Gott
der sich danach sehnte
erkannt zu werden

denn Liebe ist
sich selbst nie genug
sie entfacht das Feuer
lädt ein zum Leben

und Gott schaute
auf das Nichts

und seine überströmende Liebe
entfachte das Feuer
und rief zum Leben
und er schuf den Himmel
und die Erde
und seine Liebe wollte
Fuß fassen

Gottes Liebe wurde
handgreiflich
und schuf die Buchen
und die Rosen
Löwenzahn und Fliegenpilz
Zebra und Tausendfüßler
seine Fantasie
kannte keine Grenzen
denn Liebe ist erfinderisch

Gott hatte keine Vorlage
er schuf alles
aus sich selbst heraus

die Liebe
die in ihm war
wurde Tier und Pflanze
und allem lag
eine geheimnisvolle Ordnung
zugrunde
ein ewiges Gesetz
das so einfach ist
dass die Menschen
es heute nicht mehr verstehen:
alles ist verbunden
keiner lebt ohne den anderen
weil alle den gleichen Ursprung haen
weil jede Pflanze
jedes Tier
Zeichen der Liebe Gottes sind

Und Gott sah
dass es gut war
was er geschaffen hatte
– Liebe kann
nur Gutes schaffen –

und doch fehlte ihm
noch etwas
er brauchte ein Gegenüber
das „du“ zu ihm sagte
das ihn erkannte

Und Gottes Liebe
machte sich die Hände dreckig
und schuf den Menschen
aus Erde
er selbst packte zu
formte und modellierte
und hauchte dem Menschen
seine Liebe ein
und er rief zum Leben

Gott gab seine Liebe frei
entließ in die Mündigkeit
wagte das Spiel
mit dem hohen Einsatz

Liebe macht frei
und entmündigt nicht
sie lässt dem anderen
die Möglichkeit zum Nein
wahre Liebe
schenkt Freiheit

Liebe hofft und kann warten
und hat nur das eine Gesetz
alles ist verbunden
was du dem anderen tust
tust du dir

wenn du Liebe schenkst
wirst du Liebe ernten
denn Liebe ist
sich selbst nie genug
sie entfacht das Feuer
lädt ein zum Leben

liebe und du wirst leben

Die größte Versuchung

Wer oder was ist Gott? Zahlreiche Namen, viele Bilder, die Gott zu beschreiben versuchen, fallen mir ein … und ich spüre, dass mir manche dieser Namen und Bilder näher sind als andere. Aber auch dies lässt sich nicht festschreiben – in unterschiedlichen Lebenssituationen wird mir jeweils eines der vielen Gottesbilder wichtiger, andere treten dafür stärker in den Hintergrund.

Veränderungen in meinem Leben verändern mein Bild von Gott – und vielleicht ist das bereits sowohl eine erste Aussage über Gott wie auch über mich … Altes stirbt, um Neues hervorzubringen, das ist Wandlung und Wachsen. So wünsche ich mir mein Leben – ein Unterwegs-Sein mit Aufbruch und Abschied, Ankommen und Innehalten, um wieder neu aufzubrechen. Ein lebendiger Gott, der mich auf diesem Weg begleitet, ist ein

Gott, der „geschieht“, der sich in Begegnung „ereignet“.

Jemand, der mit seinem Glauben „fertig“ zu sein scheint, ist wohl der allergrößten Versuchung erlegen. Er hat Gott und seinen Glauben sauber in Schubladen abgelegt, etikettiert, um bei Bedarf entsprechend darauf zurückgreifen zu können. Ein solcher Glaube aber fordert nicht mehr zum Leben, zur Auseinandersetzung, zur Entscheidung heraus.

Meinen Glauben kann ich nicht „machen“. Ich kann mich öffnen, kann meine Ohren auf Empfang stellen, kann Orte, Menschen, Situationen suchen, in denen es ein wenig leichter sein kann, glauben zu können – aber all das ist keine Garantie …

Lied der Erlösung

Du birgst mich
Gott
und ich lasse mich bergen
ich höre
und bin Antwort
du spielst
und ich bin Klang

und singe das Lied
des Lebens

Berührbar

Gott will mich berühren – und ich darf mich von Gott berühren lassen. Gott will mich ganz, er will mich mit Haut und Haaren, er will in mir wohnen, in mir Mensch werden. Von Gott berührt, bin ich von Hoffnung erfüllt.

Gott ist zärtlich. Er ist sanft zu mir, nimmt mich in die Arme, nährt mich und birgt mich. Er sorgt sich um mich und geht mir nach, wenn ich mich verloren habe.

Gott ist sinnlich, um nicht sogar „erotisch" zu sagen. Er liebt mich und tanzt mit mir den Tanz des Lebens. Er spielt die Flöte und will, dass ich singe. Er ist Wort und will Antwort. Er ist Melodie und will Leben. Er ist Spiel und will mein Mitspielen. Er ist Geschmack und will, dass ich schmecke. Er ist Leidenschaft und Eifersucht und will, dass ich mit allen Sinnen lebe. Er ist Rausch und Faszination und will, dass ich trunken bin von ihm.

Dieser Gott konfrontiert – er fordert mich heraus, stellt mich vor Aufgaben, die ich nicht zu können glaube. Und im Gelingen wie im Scheitern erfahre ich Gott.

Dieser Gott ist machtvoll – und er lebt seine Stärke, ohne mich klein machen zu müssen. Er ist so groß, dass er mich einladen kann, ihm Beziehungspartner zu sein. Hartnäckig kann er sein, wenn er etwas von mir will – und manchmal auch lästig. Aber die Kraft, die von ihm ausgeht, fasziniert.

Gott ist kein Bleibender, jemand, den ich als meinen Besitz vereinnahmen kann – er ist ein Vorübergehender. In dem Moment, in dem ich ihn festhalten will, entzieht er sich mir.

Die offene Himmelstür

Petrus holte tief Luft: „Ich habte die Himmelsschlüssel verloren!“ Gott sah ihn fragend an. „Und deswegen machst du dir solche Sorgen?“ Petrus sah Gott ausgesprochen verblüfft an: „Ja, aber – ohne Schlüssel kann man hier im Himmel kein Tor und keine Tür öffnen oder abschließen!“ – „Und was wäre daran so schlimm?“ Petrus blickte überhaupt nicht mehr durch: „Aber, Gott, dann könnten alle jederzeit überall hin, wir hätten keine Kontrolle mehr …“ Petrus seufzte. Es war die alte Auseinandersetzung zwischen ihnen – die Liebe Gottes, gut und schön, aber irgendwie musste man doch auch Ordnung halten. Wo käme man denn sonst hin …? „In den Himmel!“, antwortete Gott, der gelegentlich seine Fähigkeiten dazu einsetzte, die Gedanken seiner Gesprächspartner zu lesen. „Hier ist jeder willkommen, der kommen mag. Und eigentlich wäre es mir viel lieber, wenn ihr endlich diese blöden Kontrollen aufgeben und die Tore einfach weit öffnet würdet!" – „Aber", Petrus verhaspelte sich fast, „das geht doch nicht. Wenn hier jeder käme …" – „Genau das will ich!", sagte Gott entschieden, „ich möchte, dass jeder, der kommen mag, auch kommen kann – und nicht erst an der Pforte klopfen muss, Taufschein oder Firmbestätigung abgeben oder gar erst das Glaubensbekenntnis auswendig herunterbeten muss." Petrus schaute ihn sprachlos an. „Das war mir schon lange ein Dorn im Auge", fuhr Gott ernsthaft fort. „Ich schenke mich schließlich her – wieso maßt ihr euch an, darüber zu urteilen, wer dieses Geschenkes würdig ist und wer nicht? Wem ich mich schenke, entscheide immer noch ich. Auf eine Verwaltung, die mir diese Entscheidung freundlicherweise abnehmen will, verzichte ich dankend." – „Aber wir wollten doch nur …", wagte Petrus einzuwerfen. „Natürlich wolltet ihr nur mein Bestes – ich weiß. Ihr wolltet mich schützen und hegen und pflegen, mir alles Mögliche ersparen.

Manchmal komme ich mir dabei aber vor wie Meißner Porzellan, das zwar gut sichtbar, aber unberührbar in eine Glasvitrine gestellt wird, damit mir bloß nichts passiert. Mir passiert schon nichts, Gott geht nicht so schnell kaputt. Sorgt euch lieber darum, dass ihr nicht kaputtgeht!“

Einen Moment lang ging Petrus das Wort „Urlaub“ durch den Kopf …

Die Kraft des Betens

Beten hilft mir, meinen Ort zu finden, „rückt mich zurecht“, ist das Akzeptieren, dass es über mich hinaus etwas Größeres gibt. En solches „Zurechtrücken“ entlastet mich ungemein, setzt oft neue Kräfte frei, macht Veränderung bei mir erst möglich.

Beten bedeutet für mich also, mich in einen größeren Lebenszusammenhang hineinzustellen, mich in die Kraft, den Strom des Leben hineinzubegeben. Ich spüre, ahne und suche Ausdrucksformen dafür, dass Ich Teil dieser Lebenskraft bin und dort meinen Platz habe. Daraus schöpfe ich Kraft, Geborgenheit, Heimat, Hoffnung, Zuversicht.

Beten kann ich auch für andere Men schen. Im Gebet bringe ich sie vor Gott und schaue sie an. Und diese Menschen in einem solchen Licht zu sehen, verändert oft schon den Blickwinkel. Oder ich hole sie bewusst hinein in diesen Strom der Lebenskraft.

Manchmal setze ich dann auch Zeichen, indem ich zum Beispiel eine Kerze anzünde oder jemandem einen lieben Gruß schicke. Und ich meine zu spüren, dass andere Menschen für mich beten – jedenfalls habe ich bisher keine andere Erklärung dafür gefunden, woher manchmal solche ungeahnten Kraftreserven in mir kommen, wenn ich eigentlich nicht mehr kann.

Beten – das ist eine Möglichkeit, aus dem Teufelskreis des Egoismus herauszukommen, indem ich mich an ein größeres „Du" wende. Beten ist die Chance, mein Leben aus einem anderen Blickwinkel zu betrachten, in ein anderes Licht zu setzen. Dazu bedarf es nicht vieler Worte – leise ein „Du" zu sagen, ist schon Gebet.

Erst dann

Nicht länger
davonlaufen
durch
Reden
Machen
Tun

mich
in der Stille

Gott stellen

mich
stillen lassen
von Gott

Morgenlob

Den Tag
beginnen
mit dem Lob
deines Namens

den Morgen
atmen
und
mich neu verlieben

in das Geschenk
dieses Tages
mich neu verlieren
in dir

mich finden
auf der Suche
und Frieden
zieht ein

mein Tag
ist dein
nichts wird geschehen
was du nicht willst

ich kann
loslassen
vertraue mich
dir an

ich bin
dein
sei du
mit mir

Der Psalmen Nachtherbergen
für die Wegwunden
Nelly Sachs

Herberge

mich
hineingeben

in die alten Worte
den vertrauten Klang

ausruhen
vom Weg

die Wunden
verbinden
den Tag
loslassen

mich
stellen
und den Segen
erbitten

und neu

aufbrechen

Aufgebrochen

Wenn das Fest
nur noch Erinnerung ist
Träume
die Gegenwart verraten
und
Gott sein Gesicht
verliert

wird Wüste zum Weg
der Weg zur Heimat
Heimat zum Aufbruch

ist
Gott
dabei

Was Pilgern heißt

Ich hab nicht gewusst, auf was ich mich da gleich am ersten Tag einlasse. 25 Kilometer, 1.300 Meter Aufstieg und 600 Meter Abstieg lesen sich im Führer anders, als es mir im konkreten Wandern damit ergeht. Nach sechs Kilometern mit teilweise steilem Anstieg, wenn auch auf Asphaltstraßen, spüre ich meine Grenzen. Ich habe keine Kraft mehr, fühle mich unsicher, das Wetter wird schlechter, zum Wind kommt Regen dazu – Wie mag das wohl erst in der Einsamkeit auf 1.400 Meter Höhe aussehen? Wäre es nicht sinnvoller, die sechs Kilometer nach St.-Jean zurückzulaufen, sich eine Nacht im Hotel einzuquartieren, auszuschlafen – und morgen mit frischen Kräften auf der anderen Route Roncesvalles anzugehen? ... Ich habe lange gebraucht für diese Entscheidung, ich musste mich damit erst versöhnen. Aber dann war es klar ... Ich nehme den Rucksack auf die Schultern – und da kommt mir plötzlich eine alte Lebensweisheit meines Vaters in den Sinn, der zu uns Kindern bei sonntäglichen Spaziergängen oft gesagt hat: Kommt, wir gucken noch da um die Kurve – und dann kehren wir um. Also gut, man kann mich ja durchaus überzeugen. Es sind circa 80 Meter – und ich gehe sie lustlos, müde.

Als ich um die Kehre biege, bietet sich mir ein unbeschreibliches Panorama: Bergketten in den unterschiedlichsten Grüntönen, in den feinsten Abstufungen, Himmel und Weite und Wolken, eine Schafherde am Horizont, am Wegrand blühende Erika – und ein Asphaltweg, der sich ganz sanft den Bergrücken entlangschmiegt. Und wie von einer unsichtbaren Kraft gezogen, gehe ich weiter, gebe mich in diese Weite hinein, spüre den Wind, schaue und bin, habe den Weg unter den Füßen, verstumme …

Ja, es wird still in mir, ich staune voll Ehrfurcht, bin berührt von der Schönheit, traumverloren geht sich Schritt für Schritt …

Wie macht man das eigentlich: pilgern? Sehr spontan würde ich sagen: Mein Herz auf Gott hin ausrichten – und den Weg gehen. Aber dann gäbe es ja auch ein Pilgern mitten im Alltag – hörend sein und bleiben, offen sein, seinem Ruf folgen, loslassen, gehen mit wenig Gepäck, mich an nichts festhalten, bereit sein zum Aufbruch – jeden Tag neu.

Pilgern kann nicht heißen, jeden Tag neu ums Überleben zu kämpfen, sondern aus einem Frieden heraus loszulassen und sich neu zu öffnen. Dann aber kann es nicht darum gehen, einfach nur 780 Kilometer zu laufen, ein nettes Urlaubserlebnis zu haben – sondern dann geht es darum, eine Haltung und Einstellung einzuüben, die auch im Alltag trägt.

Gott hat Zeit

Gott hat alle Zeit der Welt. Wenn wir uns Gott geben, dann geben wir uns auch in diese Zeit hinein. Dann rechne ich nicht mehr damit, dass mein Handeln, sei es „gut“ oder „böse“, postwendend auch „belohnt“ oder „bestraft“ wird.

Gott hat Zeit.

Aber ich bin mir sicher, dass sowohl das Gute wie auch das Böse, das ich tue, in seinen Folgen auf mich zurückkommen wird. Es muss nicht sofort und umgehend sein (Gott hat *seine* Zeit!), es kann durch jemand ganz anderen sein als durch den, dem ich etwas getan habe – aber ich glaube daran, dass nichts von dem, was wir in der Welt tun, verlorengeht.

Wenn ich liebe

dann liebe ich dich
und liebe in dir
Weinstock und Apfelbaum
den Ruf der Amsel am Morgen
und das Rot der Abenddämmerung
das vertrocknete Blatt am Ast
und das fröhliche Lachen des Kindes
das faltige Gesicht der alten Frau
und die Knospe am Kirschblütenzweig
und liebe in allem Gott
der es geschaffen hat

wenn ich liebe
liebe ich dich
und das Leben
und den Gott
der das Leben will

Hingabe

Meistens wird Gott
ganz leise
Mensch

die Engel
singen nicht
die Könige gehen vorbei
die Hirten bleiben
bei ihren Herden

meistens wird Gott
ganz leise
Mensch

von der Öffentlichkeit
unbemerkt
von den Menschen
nicht zur Kenntnis genommen

in einer kleinen Zweizimmerwohnung
in einem Asylantenwohnheim
in einem Krankenzimmer
in nächtlicher Verzweiflung
in der Stunde der Einsamkeit
in der Freude am Geliebten

meistens
wird Gott
ganz leise Mensch

wenn Menschen
zu Menschen
werden

Weihnachten: Das Fest der Maulwürfe

Ist Weihnachten eine wahre Geschichte? Wo Geld und Macht die Grenze sind für unsere Sehnsucht und unsere Vorstellungskraft, da gibt es über diesen Säugling nichts zu sagen. Die Weihnachtsgeschichte erzählt von ihm, weil der Glaube eine größere Sehnsucht hat und einen größeren Wirklichkeitssinn. Gott selbst hat sich in Bewegung gesetzt und ist zu uns gekommen. Von dieser Bewegung erwartet das Evangelium alles. Nicht Konto- und Truppenbewegungen, sondern Gottes Bewegung auf uns zu: nicht von außen, nicht von oben, nicht mit Druck und nicht durch Gewalt. Wenn wir der Weihnachtsgeschichte glauben, dann haben wir gefunden, was größer ist als unsere Wünsche und unsere Vorstellungskraft: die Macht, ein Kind Gottes zu werden (Ulrich Sander).

Damit Weihnachten nicht zu einer Geschichte wird, die war, müssen wir Weihnachten wahr machen. Dass Weihnachten nach zweitausend Jahren immer noch ist und immer wieder geschieht, das ist das Werk von Menschen, die selbst bewusst ihr „Ja" sagen und den Träumen trauen – jedem König Herodes und jedem Kindermord zum Trotz.

Das ist das Werk von Menschen, die sich von Ägypten aus maulwurfsartig nach Nazaret zurückgraben. Ein Maulwurf alleine wird den Königspalast nicht zum Einstürzen bringen – aber ein kleiner brauner Erdhügel mitten im gepflegten Luxusrasen kann auch schon für Irritation sorgen. Es liegt an uns, ob wir uns entmutigen lassen – und damit den anderen die Welt überlassen – oder ob wir in aller Armseligkeit immer wieder neu anfangen, aus einer Geschichte, die war, eine wahre Geschichte werden zu lassen.

Weihnachten – das Fest der Maulwürfe …?

Ostern: Das Fest der Schönheit

Mein letzter, großer Tod wird an einem Tag geschehen, dessen Datum ich jetzt noch nicht weiß. Die vielen kleinen Tode geschehen heute, hier und jetzt – durch mich selbst, durch Freunde, Bekannte, manchmal gezielt, manchmal im Vorübergehen, viele auch unbewusst.

Das, was wir an Ostern feiern, will uns eigentlich sagen, mit dem Tod ist es nicht zu Ende. Er, der uns vorangegangen ist, führt uns durch alle Tode hindurch zum Leben und zur Auferstehung. Durch alle unsere kleinen – und den letzten, großen Tod.

Auferstehung heißt nicht irgendwann und irgendwo – sondern heißt: Hier und jetzt. Eine Botschaft, die uns nur aufs Jenseits verweisen würde, wäre eine Vertröstung – und nicht so besonders hilfreich. Es geht um die Auferstehung mitten im Tod unseres Alltags, heute, hier und jetzt.

Das Leben lässt uns oft genug zerlumpt und zerzaust zurück. Und wir finden uns selbst nicht so besonders ansehnlich – und dass ein anderer uns mag, das kann man sich an solchen Tagen schon gar nicht mehr vorstellen. Und manchmal mag das auch wirklich so sein.

Ostern ist die Gegenbotschaft. Ostern heißt eigentlich: Da nimmt mich einer fest in den Arm, drückt mich ganz lieb an sich und sagt zu mir und zu allen anderen, die es hören wollen: „Du bist schön, weil ich dich liebe!“

Ein Zuhause ist, wohin man geht,
wenn einem die Orte ausgegangen sind.
Barbara Stanwyck (1907–1990)

Kein Ort
nicht mehr
irgendwo

wohin
gehe ich
wenn ich
überall
schon war

wohin
gehe ich
wenn ich
nirgendwo
das fand

was ich suchte

aber
was suchte ich
oder wollte ich nur
finden

mitten auf dem weg
gehen mir
die orte aus
entlarven sich
ziehen die maske ab

ich bin müde
geworden
ich gehe nach Hause

und darf
ganz einfach

heimkommen

Heimkommen

Ich glaube nicht an Reinkarnation – und will auch gar nicht daran glauben. Meine Individualität besteht darin, dass es mich nur in diesem Leben gibt, ich persönlich von meinem Gott bei meinem Namen gerufen wurde. Der Gedanke, noch einmal wiedergeboren zu werden, reizt mich überhaupt nicht – ich finde ihn eher lästig.

Wenn ich sterbe, möchte ich nach Hause kommen – und mich nicht noch einmal auf diese Wanderschaft des Lebens begeben müssen. Ich denke mir, der Tod, das kann wirklich Heimat und Ankommen sein … Das Sterben ist das Überschreiten dieser Grenze – vom Vorläufigen zum Endgültigen. Grenzüberschreitungen können weh tun.

Heimat

Ich glaube,
dass es für uns Menschen
eine Heimat gibt
in der unser Unterwegs-Sein
Ruhe finden wird
in der wir endlich erkennen werden
was unserem Blick derzeit noch
verborgen ist

Ich glaube
eine Heimat
in der nur noch Liebe ist
und erfüllte Sehnsucht

Ich vertraue
der Kraft des Gebetes

Dass wir allem entwachsen,
was nicht Gott ist,
dazu helfe uns Gott.
Amen.
Meister Eckhart

Unruhe

wenn die Sehnsucht
nach dem ganz Anderen
mich am Morgen wieder
die Zelte abschlagen lässt

um weiterzuwandern
einem Ziel entgegen
von dem ich nichts weiß
außer der Sehnsucht

Nachwort des Herausgebers

Andrea Schwarz ist seit 25 Jahren eine erfolgreiche Schriftstellerin. 1985 erschien ihr erstes Buch mit dem ungewöhnlichen Titel „Ich mag Gänseblümchen" – ein Kultbuch bis heute. Nach zweieinhalb Jahrzehnten nähert sich die Gesamtzahl ihrer verkauften Bücher der 2-Millionen-Marke. Erstmals hat sie zugestimmt, dass aus ihren bislang erschienenen Büchern eine Zusammenstellung vorgelegt wird. Mit „Bunter Faden Leben" halten Sie diese in Händen.

Was ist das Geheimnis von Andrea Schwarz? Sie hat eine seltene Gabe. Sie lässt sich kaum besser als in ihren eigenen Worten benennen. Von einer Zeitschrift gebeten, den Prominenten-Fragebogen auszufüllen, lautete ihre Antwort auf die Frage: *Von welchem Leben träumen Sie heimlich?*:

„Ich träume öffentlich."

Andrea Schwarz bringt in ihren Texten, den Gedichten, Skizzen, Märchen, Betrachtungen, die Eindrücke ihres Lebens zum Ausdruck. Sie sagt – und ich glaube es ihr –, dass sie selbst dann schreiben würde, wenn niemand es lesen würde. Daher ist nichts an ihren Texten „gemacht", auf seine Wirkung hin kalkuliert oder auf den Erfolg hin „berechnet". Gerade das macht ihre Texte für viele Leserinnen und Leser so atemberaubend aufrichtig, anrührend und zupackend.

Andrea Schwarz träumt in ihren Büchern öffentlich. Manchmal bis an die Schmerzgrenze. Eines der Wörter, die ihr dann zwischen die Zeilen geraten, lautet *unsagbar:* „unsagbar traurig", „unsagbar glücklich". Dass sie sich zutraut, „Unsagbares" zu sagen, dafür schätzen sie ihre Leserinnen und Leser. Wie kaum eine andere spirituelle Autorin betont Andrea Schwarz, dass das Dunkel seinen Ort hat und zum Leben gehört. Von ihren ersten Texten bis zu ihren neuesten Veröffentlichungen durchzieht diese Einsicht ihr Schreiben.

Die Texte von Andrea Schwarz sind Mutmachtexte. Sie machen Mut, weil sie so ehrlich sind. Sie helfen Menschen, sich das Leben zuzutrauen. Ihre Antwort auf die unzähligen Glücksbücher, die auf dem Buchmarkt Konjunktur haben, heißt lapidar: „Gott ist nicht zuständig für das Glück – sondern für das Leben. Das aber ist mehr, unsagbar viel mehr."

Ich wünsche Ihnen ein großes Lesevergnügen, eine Mut machende Lektüre und Schritte zu immer mehr Lebendigkeit!

Ulrich Sander

Andrea Schwarz, geboren 1955, ausgebildete Industriekauffrau und Sozialpädagogin, viele Jahre in der Gemeindearbeit, heute als gefragte Referentin, Trainerin und Schriftstellerin tätig. Ihre zahlreichen Bücher sind in viele Sprachen übersetzt.
1985 veröffentlichte sie im Verlag Herder „Ich mag Gänseblümchen" als ihr erstes Buch. Der überaus große Erfolg der „Gänseblümchen" legte den Grund für ihre Laufbahn als Autorin. Mit über 1,7 Millionen Gesamtauflage ihrer Bücher gehört Andrea Schwarz heute zu den meistgelesenen christlichen Schriftstellern unserer Zeit. Seit 2009 lebt sie die Hälfte des Jahres in Südafrika und unterstützt ehrenamtlich Projekte der Mariannhiller Schwestern. Ihre neuen Erfahrungen beschreibt sie in „Bleib dem Leben auf der Spur. Unterwegs nach Afrika" (2010).

Anmerkung

Zu folgenden Texten gibt die Autorin biblische Bezugsstellen an:

S. 25: „Morgengrauen“: 2. Petrus 1,19
S. 32: „In mir das Leben finden“: Johannes 4,13–14
S. 50: „Sanftes Hauchen“: Hoheslied 1,16–17
S. 53: „ich verspreche“: Hoheslied 8,6
S. 58: „Geborgenheit mit Fragezeichen“: Jesus Sirach 6,16
S. 82: „Drei Schritte zum Leben“: Tobit 6,16–18
S. 93: „Ein kleiner roter Luftballon“: Jesaja 53,5b
S. 102: „Wider die Resignation“: 1 Könige 19,1–13a
S. 132: „Gott hat Zeit“ Jona 4,5
S. 133: „wenn ich liebe“: Hoheslied 7,13

Quellenhinweis

Dieses Buch wurde zusammengestellt aus Veröffentlichungen von Andrea Schwarz, die alle im Verlag Herder, Freiburg im Breisgau, erschienen sind. Sie wurden für diese Zusammenstellung gelegentlich leicht gekürzt und überarbeitet.

Ich mag Gänseblümchen. Unaufdringliche Gedanken, 1985, ^{27}2009
Bunter Faden Zärtlichkeit, 1986, ^{15}2006
Zumutungen. Gewagtes Leben, 1988, ^{2}1992
Singt das Lied der Erlösung. Mit Gott das Leben feiern, 1990, ^{3}1994
Ich bin Lust am Leben. Mit Widersprüchen leben – Spannungen aushalten, 1992, ^{8}2001
Mit Leidenschaft und Gelassenheit, 1994, ^{2}1995

Ich suche und finde das Leben in mir, 1996

Mich zart berühren lassen von Dir. Ein Hohes Lied der Liebe, 1996, Neuausgabe 1999

Der kleine Drache Hab-mich-lieb. Ein Märchen für große Leute, 1997. Neuausgabe mit Illustrationen von Thomas Plaßmann 2008

Wenn Chaos Ordnung ist. Mit Gegensätzen leben, 1997, Neuausgabe 2009

Die Sehnsucht ist größer. Vom Weg nach Santiago de Compostela. Ein geistliches Pilgertagebuch 1998, Neuausgabe 2004, Taschenbuchausgabe 2008

Wenn ich meinem Dunkel traue. Auf der Suche nach Weihnachten, 1998, ^{3}2001

Entschieden zur Lebendigkeit, 1999, ^{2}2000

Am Tag der offenen Himmelstür. Eine jenseitige Geschichte, 1999

Und jeden Tag mehr leben. Jahreslesebuch, 2003, Neuausgabe 2008

Unterwegs mit einem Engel. Mit dem Buch Tobit durch die Fastenzeit bis Ostern, 2004, Neuausgabe 2010

Bleib dem Leben auf der Spur. Geschichten von unterwegs, 2005

Propheten sind wir alle. Die Botschaft des Buches Jona, 2006

Den Weg im Herzen tragen. Ein Begleitbuch für Wallfahrer und Daheimgebliebene, 2006

Eigentlich ist Weihnachten ganz anders. Hoffnungstexte, 2007, ^{3}2010

Eigentlich ist Ostern ganz anders. Hoffnungstexte, 2009

Wenn die Orte ausgehen, bleibt die Sehnsucht nach Heimat. Fragmente einer geerbten Geschichte, 2009

Bleib dem Leben auf der Spur. Unterwegs nach Afrika, 2010

Andrea Schwarz im Verlag Herder

Bleib dem Leben auf der Spur
Unterwegs nach Afrika
ISBN 978-3-451-32326-3
Andrea Schwarz erzählt die spirituellen Stationen ihres Lebens – das sie mittlerweile nach Südafrika geführt hat.

Wenn die Orte ausgehen, bleibt die Sehnsucht nach Heimat
Fragmente einer geerbten Geschichte
ISBN 978-3-451-32192-4
Der „geerbten Geschichte" von Flucht und Vertreibung ihrer Eltern spürt die Autorin nach, um der eigenen Sehnsucht nach Heimat auf die Spur zu kommen.

Die Sehnsucht ist grösser
Vom Weg nach Santiago de Compostela
Herder Spektrum 5756
Andrea Schwarz' Tagebuch ihrer Pilgerschaft nach Santiago, ein humorvoller und tiefgründiger Reisebericht über den Weg zum Ich und zu Gott.

Wenn Chaos Ordnung ist
Mit Gegensätzen leben
Herder Spektrum 6071
Manches Chaos darf sein und muss durchlebt werden. Eine Einladung, mit Gegensätzen leben zu lernen.

Ich mag Gänseblümchen
Unaufdringliche Gedanken
ISBN 978-3-451-28828-0
Der Bestseller von Andrea Schwarz: ein Kultbuch seit 25 Jahren.

Und jeden Tag mehr leben
Jahreslesebuch
ISBN 978-3-451-32169-6
366-mal Mut, dem eigenen Leben Zeit und Aufmerksamkeit zu schenken.

Der kleine Drache Hab-mich-lieb
Ein Märchen für große Leute
Mit Illustrationen von Thomas Plaßmann
ISBN 978-3-451-32004-0
Freunde gewinnen und anders sein zu dürfen: Davon erzählt das zauberhaft illustrierte Märchen von der Drachendame Hab-mich-lieb.

Vom Engel, der immer zu spät kam
Meine schönsten Weihnachtsmärchen
Mit Illustrationen von Thomas Plaßmann
ISBN 978-3-451-32258-7
Fröhlich, frech und hintergründig sind die Weihnachtsmärchen der Besteller-Autorin.

Andrea Schwarz im Verlag Herder

Du Gott des Weges segne uns
Gebete und Meditationen
ISBN 978-3-451-32099-6
Das Gebetbuch mit den schönsten Gebeten und Meditationen von Andrea Schwarz

Eigentlich ist Weihnachten ganz anders
Hoffnungstexte
978-3-451-29645-1
Weihnachtliche Hoffnungstexte der Bestseller-Autorin jenseits von Kitsch und Kommerz

Eigentlich ist Ostern ganz anders
Hoffnungstexte
978-3-451-32191-7
Andrea Schwarz lädt ein, das Osterfest neu zu entdecken: ehrlich, behutsam und zupackend.

Unterwegs mit einem Engel
Mit dem Buch Tobit durch die Fastenzeit bis Ostern
ISBN 978-3-451-32317-1
Überraschend aktuell erschließt die Autorin die biblische Erzählung des Buches Tobit für unsere Zeit

HERDER

www.herder.de

Umschlaggestaltung und -konzeption:
R·M·E Eschlbeck / Hanel / Gober

Herstellung: fgb · freiburger graphische betriebe
www.fgb.de

Gedruckt auf umweltfreundlichem,
chlorfrei gebleichtem Papier
Printed in Germany

IBSN 978-3-451-07110-2